BEI GRIN MACHT SICH IHR WISSEN BEZAHLT

Bibliografische Information der Deutschen Nationalbibliothek:

Die Deutsche Bibliothek verzeichnet diese Publikation in der Deutschen National-bibliografie; detaillierte bibliografische Daten sind im Internet über http://dnb.d-nb.de/ abrufbar.

Impressum:

Copyright © 2018 GRIN Verlag
Druck und Bindung: Books on Demand GmbH, Norderstedt Germany
ISBN: 9783668723627

Anonym

Welche Kommunikationschancen bietet der To-Go Markt für die Unternehmenskommunikation? Paleo To-Go "Beef Jerky"

GRIN Verlag

GRIN - Your knowledge has value

Der GRIN Verlag publiziert seit 1998 wissenschaftliche Arbeiten von Studenten, Hochschullehrern und anderen Akademikern als eBook und gedrucktes Buch. Die Verlagswebsite www.grin.com ist die ideale Plattform zur Veröffentlichung von Hausarbeiten, Abschlussarbeiten, wissenschaftlichen Aufsätzen, Dissertationen und Fachbüchern.

Besuchen Sie uns im Internet:

http://www.grin.com/

http://www.facebook.com/grincom

http://www.twitter.com/grin_com

BSP Business School Berlin

Hochschule für Management

Fakultät Business and Management

Bachelorstudiengang Kommunikationsmanagement

Außer-Haus-Produkte im Trend
Welche Kommunikations-Chancen bietet der To-Go Markt für die
Unternehmenskommunikation?

Am Beispiel von Paleo To-Go – Beef Jerky

Das perfekt getrocknete Steak für die Hosentasche

vorgelegt am: 03.04.2018

Semester: 3.Semester

Modulbezeichnung: Public Relations und Wirtschaftsjournalismus

Inhaltsverzeichnis

Abbildungsverzeichnis

Abstract

Die vorliegende Arbeit gibt einen Überblick über den Trend „Außer-Haus-Markt" mit besonderen Fokus darauf, wie dieser am besten für die Unternehmenskommunikation genutzt werden kann. Am Beispiel von Paleo To- Go – Beef Jerky galt es anhand eines ausgearbeiteten Kommunikationskonzeptes, dies herauszufinden und besondere Kommunikations-Chancen hervorzuheben. Um den To- Go Markt präzise zu analysieren, habe ich mich hauptsächlich auf Aussagen des BVE gestützt. Als Ergebnis lässt sich festhalten, dass durch den Wandel der Esskultur, bedingt durch Mobilität, Urbanisierung und Zeitstress der Bevölkerung, sich ein großes Marktsegment im Außer-Haus Bereich bietet und auch zukünftig hohe Relevanz beziehen wird. Unsere Gesellschaft wird sich weiterhin stetig entwickeln. Der Druck auf die Unternehmen, bei diesen Trends mitziehen zu können, steigt.

1 Einleitung

Im Rahmen dieser Arbeit, soll der Trend der Außer-Haus Produkte und welche Kommunikations-Chancen der To-Go Markt für die Unternehmenskommunikation bietet, hinterfragt werden. Das Thema bezieht sich durch den massiven Wandel im Essverhalten, bedingt durch großen Zeitdruck im Alltag und einem mittlerweile hohen Grad an Mobilität und Spontanität, einer hohen Relevanz und Starken Aktualität (Dierig, 2015). Welches mir den Anlass gibt, mich mit der Thematik grundlegend auseinanderzusetzen. Aktuell lässt sich eine wachsende Bedeutung im Außer-Haus-Verzehr erkennen. Vor diesem Hintergrund werde ich im Zusammenhang dieser Arbeit, die Chancen und Trends dieses Marktes für die Unternehmenskommunikation am Beispiel von Paleo To- Go Beef Jerky genauer erläutern. Zur Beantwortung der aufgeworfenen Thematik wird wie folgt vorgegangen: Zunächst erfolgt die genaue Definition und die Entstehung des Außer-Haus Marktes. Hierbei wird besondere Aufmerksamkeit, auf die Entwicklungsdynamik und die einhergehenden Prognosen in Deutschland gelegt. Des Weiteren wird anhand des gewählten Beispiels „Beef Jerky", mithilfe der Konzeptionstechnik ein Kommunikationskonzept ausgearbeitet und vorgestellt. Abschließend folgt die Darstellung und Begründung der Schlussfolgerungen, ergänzt um einen Ausblick.

Ein Kommunikationskonzept für den stark umworbenen Außer-Haus-Markt zu gestalten ist sehr Komplex. So ist an dieser Stelle darauf hinzuweisen, dass sich die Arbeit nur mit einem Ausschnitt dieses Themas befassen wird.

2 Außer-Haus-Markt

Deutschland lebt das Prinzip „to-go" – bloß keine Zeit verlieren. Angefangen mit dem Kaffee, bis hin zum Fast Food, werden nun sogar ganze Konzepte ausgearbeitet um Supermärkte nach dieser Idee auszurichten. Unsere Gesellschaft ist geprägt durch hohe Mobilität. Diese bewirkt, dass die Verpflegung Außer-Haus, immer mehr an Bedeutung gewinnt. Bereits heute ist für die Ernährungsindustrie der Außer-Haus-Markt, nach dem Lebensmitteleinzelhandel der zweitwichtigste Absatzkanal (BVE, 2016).

2.1 Definition

Um für die nachfolgende Arbeit ein besseres Verständnis zu ermöglichen, wird der Begriff Außer-Haus-Markt, genauer beleuchtet. Zu Beginn ist anzumerken, dass hierfür mehr als ein Terminus verwendet wird. So gilt in Deutschland „To-Go" und „Außer-Haus-Verpflegung", sowie auf internationaler Ebene „Away-from-home" oder „Out-of-Home-Market" als etabliert. Grundsätzlich gilt, wenn Menschen außerhalb der eigenen vier Wände eine Verpflegung oder Beherbergung in Anspruch nehmen, geschieht dies im Außer-Haus-Markt (Business Target Group, 2014). Letztlich ist auch hervorzuheben, dass mit der Bedienungsgastronomie/ Hotels, Schnellservicerestaurants und Imbisse, Arbeitsplatzverpflegung, sowie die Erlebnis- und Freizeitgastronomie, der Außer- Haus- Markt vier große Bereiche umfasst und somit einen vielseitigen Markt darstellt (BVE, 2016).

2.2 Entstehung

Die Wertvorstellungen und Lebensumstände der Verbraucher verändern sich. Es lässt sich eine zunehmende Berufstätigkeit und Mobilität in Deutschland feststellen, die das Konsumverhalten deutlich beeinflusst und eine Verfügbarkeit von To- Go Produkten im Außer-Haus-Markt unabdingbar macht (BVE, 2016). In Zeiten der Urbanisierung ist es den Konsumenten ebenfalls sehr wichtig, dass sie rund um die Uhr, ohne viel Aufwand, außer Haus essen können. Dieser Trend zum „Konsum außer Haus" trägt signifikant zu dieser Entwicklung bei (Rückert-John, John und Niessen, J., 2011, S. 42). Vor diesem Hintergrund ist festzuhalten, dass den Deutschen die Zeit fehlt, zu Hause selbst aufwendig zu Kochen oder einkaufen zu gehen.

Die Verbraucher gehen dadurch vermehrt auswärts essen oder greifen zu Produkten zum Mitnehmen. Die Folge - Entstehung und Entwicklung des Außer-Haus-Marktes.

2.3 Entwicklungsdynamik

Geprägt durch die Urbanisierung und die steigende Mobilität der Menschen, hat sich der Außer-Haus-Markt in Deutschland zu einem wichtigen Wachstumsmarkt in der Lebensmittel- und Dienstleistungswirtschaft entwickelt (Roehl & Dr. Strassner, 2011, S.9). Mittlerweile ist dieser aus den Köpfen der Verbraucher nicht mehr wegzudenken. So lässt sich auch weiterhin eine starke Entwicklung aufweisen. Unter der Prämisse, dass sich die Produkte komfortabel und schnell konsumieren lassen, geht der Trend zu Bio und Fair-Trade. Hierbei liegt der Fokus des Kunden besonders auf gesundem Essen, diesem müssen Hersteller von Heute auf jeden Fall nachkommen (Huber, 2015). Unter anderem fordern immer mehr Konsumenten ein Ökologisches Handeln, die Tendenz geht zur Nachhaltigkeit. Vor diesem Hintergrund ist eine weitere Entwicklung, dass die Kunden mehr Informationen über die Produktionsmethoden und Herkunft ihrer Lebensmittel einfordern. Hierbei wird besonders auf Kennzeichnung, Verpackung und Qualitätsunterschiede geachtet (Bundeszentrum für Ernährung, 2017). Durch die fortlaufende Soziokulturelle Entwicklung kommt es dazu, dass sich verschiedene Ernährungsweisen ausprägen. Besonders im Außer-Haus-Markt wächst die Nachfrage nach zum Beispiel Veganen und Vegetarischen Produkten, welcher sich so als nächster Trend identifizieren lässt (Huber, 2015). Es kann festgehalten werden, dass die Verbraucher heute große Anforderungen an Ernährung und Lebensmittel stellen. Deutschland isst bewusst.

2.4 Prognosen

Wie sich bereits herauskristallisiert hat, stellt der Außer-Haus-Markt in Deutschland eine wichtige Größe dar und wird künftig wohl einen noch höheren Stellenwert erlangen. So wird vor allem weiterhin durch die große Flexibilität und Mobilität im Alltag dazu führen, dass die Produkte im Außer-Haus-Markt („To-Go") verstärkt verfügbar sein werden. Einen zunehmenden Einfluss auf die Entwicklung nimmt auch die steigende Bereitschaft der Konsumenten, mehr Geld auszugeben, sowie der

Wunsch nach Transparenz und Nachhaltigkeit (BVE, 2017). Auch wird der Trend zur Urbanisierung weiter anhalten, was den Außer-Haus-Verzehr begünstigt (Schindler, 2015). Die rasant fortschreitende Digitalisierung revolutioniert den Außer-Haus-Markt. Grenzen zwischen Retail und Gastronomie verschwimmen. Es kommt zu einer zunehmend aktiveren Kommunikation zu den Konsumenten. Nischenprodukte, wie „Free From" oder „Functional Food" könnten dann bei der außer Haus Verpflegung eine immer größere Rolle spielen. In Folge dessen wird der Trend zu Social Food, also Essen als Form von Lifestyle und Statussymbol, sowie die Nachfrage nach kulturspezifischen Angeboten durch Migration Food in diesem Marktsegment steigen. Das Verlangen der Konsumenten nach Bequemlichkeit bleibt auch zukünftig beständig (Grübling, 2016). Es bleibt festzuhalten, dass weiterhin große Anforderungen und somit verbundene Herausforderung an die Hersteller und Anbieter bestehen werden. Dennoch sind die Chancen und eine somit stetig steigende Weiterentwicklung für den Außer-Haus-Markt enorm.

Aus den einzeln dargelegten Faktoren des Außer-Haus-Marktes lässt sich ableiten, welche Dimension dieser Markt darstellt. Des Weiteren lässt sich ein deutliches Entwicklungspotential erkennen. Vor diesem Hintergrund, wird im weiteren Verlauf dieser Arbeit am Beispiel von Paleo To Go – Beef Jerky, die Anwendung an diesem Marktsegment genauer beleuchtet.

3   Das Unternehmen Paleo To-Go – Beef Jerky

Um einen stringenten Handlungsverlauf zu gewährleisten, folgt in diesem Kapitel die Vorstellung des Unternehmens.

Immer mehr Menschen möchten gesund essen mit natürlichen Zutaten. Rohkost, Clean Eating oder Paleo sind die Vorreiter dieser Bewegung. Und genau diese Trend Tendenz greift das junge Unternehmen Paleo To-Go auf. Der Grundgedanke besteht darin, eine sinnvolle und ausgewogene Ernährung als essenziellen Begleiter anzubieten. Vor diesem Hintergrund gestaltet sich auch der Firmenname, „Paleo To-Go" ist zum einen die Kurzform von Paläolithikum und bedeutet Altsteinzeit, dabei wird besonders viel Wert auf rationale, abwechslungsreiche Ernährung, durch natürliche Rohstoffe geachtet (paleotogo.de, 2018).

Und zum anderen, um dem To-Go Markt nachzukommen, entwickelte das Unternehmen ihr Beef Jerky. Hierbei handelt es sich um hochwertiges Protein für Unterwegs, alles unter der Prämisse, dass der Rohstoff von grasgefütterten Rindern stammt, die eine natürliche Aufzucht auf Weiden genießen. Neben diesem Protein-Snack, werden auch noch weitere Produkte angeboten. Im Rahmen dieser Arbeit werde ich mich aber ausschließlich auf das Beef Jerky konzentrieren. Die Philosophie des Unternehmens ist es, die Messlatte für den Außer-Haus-Markt höher zu setzten und sich somit von der Konkurrenz abzugrenzen. Es handelt sich hierbei um ein regionales Produkt mit sehr hoher Qualität, bedingt durch ein langes aber bedeutsames Herstellungsverfahren. Das Unternehmen spricht sich gegen Massentierhaltung, Zucker und Getreide aus. Der Fokus liegt auf einer Sportlichen, Essens- und Umweltbewussten Zielgruppe (paleotogo.de, 2018).
Paleo To-Go will mit seinem Beef Jerky den Markt revolutionieren.

Im Folgenden wird ein Kommunikationskonzept am gewählten Beispiel von Paleo To-Go – Beef Jerky dargestellt. Unter Berücksichtigung der bisher genannten Fakten, wird durch Analyse, Strategie und einem Taktikteil versucht, mögliche Zielsetzungen und einhergehende Maßnahmen vorzustellen.

4 Kommunikationskonzept am Beispiel von Beef Jerky

Im Bereich der Unternehmenskommunikation gehört das Kommunikationskonzept zu den wichtigsten Elementen und wird entlang der Unternehmens- Marketingziele ausgerichtet (agentur- jungesherz.de, 2017). Mit besonderem Fokus auf eine strategische Presse und Öffentlichkeitsarbeit. Es lässt sich in drei einzelne Bereiche Analyse, Strategie und Taktik teilen. Mit Hilfe dieses Konzeptes soll auch am Beispiel von Paleo To- Go Beef Jerky die Anwendung und Funktion verdeutlicht werden. Nachfolgend wird ein langfristig ausgerichtetes Kommunikationskonzept dargestellt, indem mit Hilfe angewendeter Konzeptionstechniken, Ziele definiert und Vorschläge zur Umsetzung gegeben werden.

4.1 Analyse

Im Analyse-Teil wird die IST- Soll Analyse mit Hilfe der SWOT Darstellung aufgezeigt, sowie den daraus folgenden Handlungsbedarf. Des Weiteren folgt daraus die kommunikative Aufgabenstellung.

Abbildung 1: SWOT- Analyse (Eigene Darstellung).

Die vorliegende Abbildung veranschaulicht die SWOT- Analyse. Hierbei werden Stärken und Chancen, sowie Schwächen und Risiken des Unternehmens berücksichtigt. Es handelt sich hierbei um ein junges aufstrebendes Unternehmen, welches sich durch regionale Produkte, sowie einer Ausrichtung auf hohe Qualität bei Inhaltsstoffen und Herstellung, klar hervorheben kann. So bestehen die Chancen in ungenutzten Potentialen und großen Wachstumsmöglichkeiten. Dennoch gehört die Verlustsituation zu den größten Risiken des Unternehmens, bedingt durch die geringe Markenbekanntheit.

Die Aktuelle Marktsituation zeigt, dass sich momentan sehr viele andere Anbieter mit ähnlichen Produkten in diesem Marktsegment befinden. Dennoch kann sich Paleo To-Go mit seinen qualitativ hochwertigen Produkten von den anderen Herstellern deutlich abheben. Zur unmittelbaren Konkurrenz könnte man nur Unternehmen, wie „Zimbo Jerky" (zimbo.de, 2018) oder „Bio-Metzgerei Bühler Beef Jerky" (bio-buehler.de, 2018) zählen. Obwohl das Beef Jerky von Paleo To-Go augenscheinlich besser abschneidet als seine Mitstreiter, kommuniziert das Unternehmen dies bislang lediglich über seine eigene Internetseite und einem sehr schmal eingerichteten Social Media Account bei Instagram, was einen großen Nachteil gegenüber der Konkurrenz birgt. Es besteht Handlungsbedarf in der externen Kommunikation, welches auch gleichzeitig eines der wichtigsten Kern-Fazits dieser Ausgangslage darstellt. Paleo To-Go ist ein besonderes Unternehmen mit besonderen Produkten und Dienstleistungen. Die kommenden Probleme und Herausforderungen bestehen in erste Linie darin, SMART Ziele, die spezifisch, messbar, erreichbar und realistisch, sowie zeitlich gebunden sind, festzulegen. Des Weiteren stellt sich als zentrale Herausforderung, die anvisierte Zielgruppe mit dem Produkt zu begeistern, sowie die geeigneten Kanäle und die richtige Tonalität zu wählen. Auch soll im späteren Verlauf durch gewählten Mittel-, und langfristige Ziele ein roter Faden gezogen werden an dem sich das Unternehmen orientieren kann, sowie eine langfristige Marktplatzierung gewährleisten.

4.2 Strategie

Im folgenden Teil wird die Zielgruppe, Positionierung und Botschaft des Unternehmens, sowie die angestrebten Ziele erarbeitet und dargestellt. Anschließend lässt sich daraus die Strategie ableiten. Die Kernbotschaft von Paleo To-Go ist es, eine ausgewogene Ernährung für Unterwegs bereitzustellen, welches als Lifestyle Produkt dient und gleichzeitig als essenzieller Begleiter genutzt werden kann. Dabei steht vor allem Sport und eine natürliche und gesunde Zubereitung der Produkte, als Konstrukt im Fokus, bei dem das Eine ohne das Andere unmöglich sein kann. So wird mit dem Produkt und der verkauften Story eine große Gruppe potenzieller Käufer abgegriffen. Unter Berücksichtigung der Sinus-Milieus, stellt sich die Gruppe der Modernen Performer als Hauptzielgruppe dar. Hierbei handelt es sich um eine junge unkonventionelle Leistungselite, die immer auf der Suche nach attraktiven Möglichkeiten ist, die sich durch Trends und Hypes abheben wollen, sowie eine Affinität für Social Media und dem Besonderen pflegen (fuer- gruender.de, 2017). Es werden auch teilweise die Gruppen der Liberal- Intellektuellen, Sozioökologischen, sowie die Expeditiven angesprochen. In Anbetracht des Weiteren Vorgehens wird sich aber ausschließlich auf das Ansprechen der Modernen Performer konzentriert. Die strategische Leitidee und gleichzeitig eines der übergeordneten

Ziele ist es, eine deutliche Steigerung des Bekanntheitsgrades zu ermöglichen. Die potenzielle Käuferschaft soll auf sämtlichen Kanälen abgriffen werden. In Folge dessen erschließt sich das zweite übergeordnete Ziel. Eine verbesserte Kommunikation nach außen, um auch den USP des Unternehmens besser zu kommunizieren. Hierbei wird strategisch ersteres als „Hartes Ziel" aufgebaut, dies wird als kurz- und mittelfristiges Ziel angesetzt, welches sich als Zahlen und Fakten in den kommenden Quartalen ablesen und bewerten lässt. Das Ziel die externe Kommunikation zu verbessern, stellt das „weiche Ziel" dar, welches langfristig angesetzt ist und sich im Optimalfall noch lange im Unternehmen als Roter Faden durchzieht. Die übergeordneten Ziele sollen durch eine Kooperationsstrategie mit zwei populären Fitness-Stars, sowie einen Aufbau einer positiven Persönlichkeit mit Hilfe von Storytelling, umgesetzt werden. So folgt eine Gewährleistung von Nahbarkeit, hoher Reichweite und löst einen Hype um das Produkt aus.

4.3 Taktik

Die Umsetzung der Strategie ist der letzte und abschließende Teil des Kommunikationskonzeptes. Dies erfolgt durch konkrete, auf die Zielgruppe abgestimmte Einzelmaßnahmen (Fasse, 2017, S. 25). Die kreativen Maßnahmenideen werden anschließend in einen sinnvollen Zeitplan gebündelt, unter der Berücksichtigung des Kosten-und Ressourcenplanes. Zu Beginn ist zu erwähnen, dass das Ziel, die externe Kommunikation zu verbessern, durch das Content Marketing erfolgt. Wie bereits in der Strategieplanung dargestellt, soll das durch den Aufbau einer Positiven Persönlichkeit und einen auf das Unternehmen abgestimmtes Storytelling erfolgen. So kann der USP von Paleo To-Go richtig nach außen transportiert werden. Dabei soll eine Beauftragung einer Content-Marketing Agentur, die sich um die Texter, SEO, Bilder und Videos, sowie um die Distribution kümmern, erfolgen. Um eventuelle Probleme vorab schon zu vermeiden, wird in Form gründlicher Vorarbeit ein Austausch zwischen Agentur und Unternehmen stattfinden. Denn Kommunikation ist alles. Um regelmäßig Erfolge messen zu können, wird ein monatlicher Report unter Berücksichtigung der KPIs erfolgen (Content Marketing Glossar, 2018). Des Weitern soll der Bekanntheitsgrad des Unternehmens gesteigert werden. Durch Einsetzen der Kooperationsstrategie mit den Fitness- Influencern Sophia Thiel und Flying Uwe, kann eine Nutzung der richtigen Kanäle für die gewünschte Zielgruppe gewährleistet werden. So soll das Beef Jerky bei Instagram über Posts beworben werden und in den YouTube Videos eine Produktplatzierung finden. Bei einer insgesamten Reichweite von 1,5 Millionen, wären damit genug Kontaktpunkte gesichert, um das Ziel, der Bekanntheitsgradsteigerung zu erreichen. Der Zeitplan für die anvisierten Ziele und Umsetzungsstrategien, wäre vorläufig für sechs Monate vorgesehen. Die Gestaltung der vorgegebenen Zeit wäre wie folgt aufgeteilt: Für die Agentur, vier Texte pro Monat und einen Produktionsaufwand von zwei Tagen pro Monat, sowie weitere Stunden für Strategieoptimierung und Distribution, insgesamt circa sieben Tage in jedem Monat (Taiber, 2018). Für die Kooperation sind zwei Posts pro Person im Monat vorhergesehen, sowie eine einmalige Produktplatzierung der jeweiligen Influencer in deren YouTube Kanälen.

So wären 113.000 € für ein halbes Jahr zu investieren. Genaue Informationen kann der Auflistung im Anhang entnommen werden.

5 Diskussion

Zusammenfassend lässt sich sagen, dass sich viele und vor allem mittlerweile grundlegend relevante Kommunikations-Chancen für den Außer-Haus-Markt und Produkte, bezüglich der Unternehmenskommunikation bieten. In Zeiten der Mobilisierung ist es unabdingbar dem Trend „To-Go" zu folgen. Er kann signifikant zur Umsatz und Marktsteigerung beitragen. Im Laufe dieser Arbeit wurden Anwendungsmöglichkeiten in Form eines Kommunikationskonzeptes für Beef Jerky dargestellt. Es lassen sich Parallelen zu anderen To-Go Produkten verzeichnen. So lässt sich hieraus der Schluss ziehen, dass es von großer Bedeutung ist, das eigene Unternehmen mit Alleinstellungsmerkmalen abzugrenzen. Nur so kann eine langfristige Etablierung in diesem Marktsegment erfolgen. Besonders in Zukunft wird „To-Go" an Tragweite und Wirksamkeit gewinnen.

6 Fazit

Ziel der vorliegenden Arbeit war es, aufzuweisen welche Kommunikations- Chancen der To- Go Markt für die Unternehmenskommunikation bietet. Vor diesem Hintergrund wurde eine genaue Analyse zu diesem Marktsegment durchgeführt, sowie anhand des Beispiels von Paleo To-Go – Beef Jerky aufgezeigt, wie Unternehmen die To-Go anbieten mit diesem stetig wachsenden Markt umgehen und auch Investieren können. Dabei ergab sich unter anderem, dass der „Out-of-Home" Markt für Verbraucher und Kunden immer mehr an Bedeutung gewinnt. So lässt sich deutlich erkennen, dass Essen heute besonders schnell gehen, möglichst appetitlich und praktisch sein muss, und dabei nur wenig Tropfen und Kleckern darf. Grund hierfür ist die steigende Mobilität und die limitierte Zeit zum Essen, die Nachfrage nach Flexibilität steigt. Aufgrund dieser starken Entwicklung, hat sich deutlich herauskristalisiert, dass die Unternehmen und besonders auch die Unternehmenskommunikation von diesem Markt profitieren kann. So lässt sich abschließend festhalten, dass es von maßgeblicher Relevanz ist, das eigene Unternehmen hinsichtlich dem „Out-of-Home" Phänomen auszubauen. Es ist ein Trend zu verzeichnen, der auch voraussichtlich in den kommenden Jahren ein starkes Wachstumspotenzial aufweisen wird.

Quellenverzeichnis

Agentur Junges Herz. (2017). Kommunikationskonzept- Aufbau, Definition und Checkliste. Abgerufen am 15.03.2018 von https://www.agentur-junges-herz.de/hr-glossar/kommunikationskonzept-aufbau-definition-und-check-liste/.

Bio Bühler. (2018). Bio Bühler- Produkte. Abgerufen am 15.03.2018 von http://www.bio-buehler.de/produkte/eigenprodukte/beef-jerky/.

Bundesvereinigung der Deutschen Ernährungsindustrie. (2016). Der Deutsche Außer- Haus- Markt. Abgerufen am 27.02.2018 von https://www.bve-on-line.de/themen/branche-und-markt/ausser-haus-markt.

Bundesvereinigung der Deutschen Ernährungsindustrie. (2017). Wachsende Umsätze im deutschen Außer-Haus- Markt. Abgerufen am 27.02.2018 von https://www.bve-online.de/themen/branche-und-markt/ausser-haus-markt/aktuell-170614-001-ausser-haus-markt.

Business Target Group. (2014). Der Außer-Haus-Markt. Abgerufen am 27.02.2018 von https://www.businesstargetgroup.com/außer-haus-markt/.

Content Marketing Glossar. (2016). KPI: Kurzerklärung. Abgerufen am 17.03.2018 von https://www.textbroker.de/kpi.

Diesig, C. (2015). Isst denn keiner mehr Zuhause?. Abgerufen am 20.02.2018 von https://www.welt.de/wirtschaft/article147625076/Isst-denn-keiner-mehr-zu-Hause.html.

Fasse, C. (2017). PR Konzeptionen. Abgerufen am 17.03.2018 von https://www.trainex24.de/bsp-trainex/navigation/frame-set.cfm?CFID=18243489&CFKEN=17463154&1521923203665&area=kur sraum.

Für Gründer. (2017). Wissen wie die Zielgruppe lebt. Abgerufen am 16.03.2018 von https://www.fuer-gruender.de/wissen/unternehmen-fuehren/marke-ting/marketingkonzept/sinus-milieus/.

Grübling, A. (2016). 7 Thesen zur Zukunft der Gastronomie. Abgerufen am 27.02.2018 von https://www.gast.at/gast/7-thesen-zur-zukunft-der-gastro-nomie-115302.

Huber, R. (2015). Vegan, gesund, Gourmet oder „to go". Abgerufen am 27.02.2018 von https://www.food-service.de/maerkte/news/Wachstum-im-Ausser-Haus-Markt-beschleunigt-sich-weiter-33842.

Kreutz, H. (2017). „to go" ist Trend. Abgerufen am 27.02.2018 von https://www.bzfe.de/inhalt/to-go-ist-trend-30288.html.

Paleo to go. (2018). Paleo to go – über uns. Abgerufen am 15.03.2018 von https://www.paleotogo.de/pages/warum-paleo.

Paleo to go. (2018). Paleo to go – das Jerky. Abgerufen am 15.03.2018 von
https://www.paleotogo.de/collections/beef-jerky-kaufen-sortiment/pro-
ducts/beef-jerky-original-probierpakete?variant=32279545289.

Rückert-John, J., John, R., Niessen, J. (2011). Nachhaltige Ernährung außer Haus.
Der Essalltag von Morgen. Abgerufen am 27.02.2018. von https://link.sprin-
ger.com/chapter/10.1007/978-3-531-93268-2_3.

Roehl, R., Dr. Strassner, C. (2011). Sektoranalyse Außer-Haus-Markt Schwerpunkt
Gemeinschaftsverpflegung. Abgerufen am 27.02.2018 von https://www.fh-
muenster.de/ibl/downloads/projekte/bbne/Schriften-
reihe_Band_2_AHV.pdf.

Schindler, B. (2015) Wachstum im Außer- Haus- Markt beschleunigt sich weiter.
Abgerufen am 27.02.2018 von https://www.food-service.de/ma-
erkte/news/Wachstum-im-Ausser-Haus-Markt-beschleunigt-sich-weiter-
33842.

Taiber, K. (2018). Influencer: So teuer ist eine „Kooperation" auf Instagram und Y-
outube. Abgerufen am 17.03.2018 von http://www.hypr.agency/influencer-
so-teuer-sind-sie-auf-instagram-und-youtube/.

Zimbo. (2018). Zimbo- Beef Jerky. Abgerufen am 15.03.2018 von
http://www.zimbo.de/de/produkt/beef-jerky-classic/.

Anhang

Anhang A

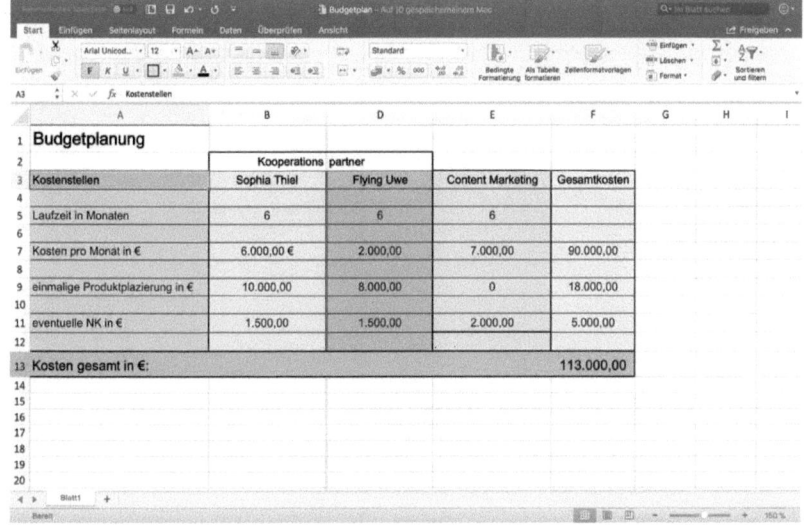

Abbildung I: Kosten-und Ressourcenplan. Darstellung Budgetplan für das Kommunikationskonzept.